a infância de

Mauricio de Sousa

Concepção e realização: Instituto Callis

2ª edição, 2009
2ª reimpressão, 2018

Texto adequado às regras do novo Acordo Ortográfico da Língua Portuguesa

Coordenação editorial: Miriam Gabbai
Projeto gráfico: Camila Mesquita
Revisão: Nelson de Oliveira e Nelson Barbosa

Fotografias da capa e do miolo: Arquivo pessoal de Mauricio de Sousa / Estúdios Mauricio de Sousa

Desenho e arte-final dos personagens, nomes, marcas e criações artísticas de Mauricio de Sousa foram produzidos nos Estúdios Mauricio de Sousa - Rua do Curtume, 745 - Bloco F - CEP 05065-001 - Tel. (11) 3613-5000 - São Paulo - SP - Brasil. ARTE/CRIAÇÃO e Copyright: MAURICIO DE SOUSA PRODUÇÕES LTDA.

CIP-BRASIL. CATALOGAÇÃO-NA-FONTE
SINDICATO NACIONAL DOS EDITORES DE LIVROS, RJ.

D21i
2.ed.

Dantas, Audálio, 1929-
A infância de Mauricio de Sousa / Audálio Dantas ; projeto gráfico de Camila Mesquita. - 2.ed. - São Paulo : Callis Ed., 2009.
il. - (A infância de...)

ISBN 978-85-7416-371-0

1. Sousa, Mauricio de, 1935- - Infância e juventude - Literatura infantojuvenil. 2. Cartunistas - Brasil - Biografia - Literatura infantojuvenil. I. Mesquita, Camila, 1969-. II. Título. III. Série.

09-0454. CDD 927.415
CDU 929:741.5

02.02.09 03.02.09 010755

ISBN 978-85-7416-371-0

Impresso no Brasil

2018
Callis Editora Ltda.
Rua Oscar Freire, 379, 6º andar • 01426-001 • São Paulo • SP
Tel.:(11) 3068-5600 • Fax: (11) 3088-3133
www.callis.com.br • vendas@callis.com.br

a infância de Mauricio de Sousa

Audálio Dantas

callis

Mauricio aos seis meses de idade, entre seus pais, em 1936.

Numa bela manhã,

a cidadezinha de Santa Isabel, no Vale do Paraíba, em São Paulo, foi sacudida por uma barulheira muito grande. Era o fim de outubro de 1935. O sol brilhava forte. Por isso, não dava para confundir o barulho com um estrondo de trovão.

Mas aquilo foi aumentando, aumentando. E a cidade toda se alvoroçou. Alguém, no meio da rua, arriscou um palpite:

— É boiada grande que vem vindo, gente!

Outro contestou:

— Que boiada que nada, sô! Já viu boi roncar desse jeito?

E a barulheira foi crescendo, ficando cada vez mais forte.

Tão forte que as pessoas não ouviam direito o que as outras diziam.

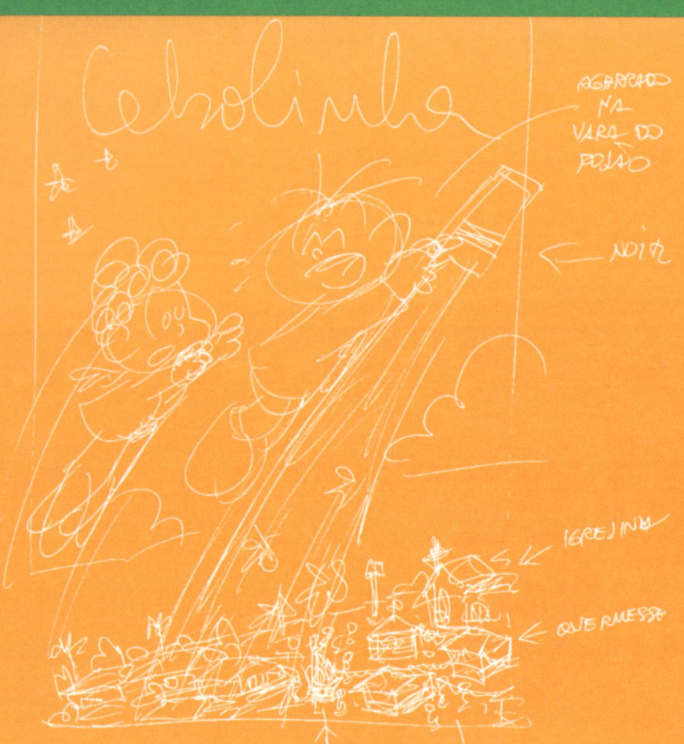

E foi então que o mistério se desfez. Uma tropa de motocicletas invadiu a praça. E, além de roncos, ouviam-se buzinas. Mas eram bonitas aquelas máquinas, com seus metais rebrilhando ao sol da manhã.

Os homens das motocicletas saudavam as pessoas. Houve quem tentasse contar as máquinas:

— É pra mais de vinte, compadre!

— Exagero, sô! Bota aí umas doze, que tá bom.

Mas havia, ainda, uma grande interrogação: o que aquela tropa tinha vindo fazer na cidade? É que tinha nascido o primeiro filho do Tonico de Sousa. E a turma dele, lá de Mogi das Cruzes, cidade vizinha, resolveu formar uma caravana para homenagear o menino.

Foi assim que o nascimento do menino Mauricio, filho de Antonio Mauricio de Sousa e de Petronilha Araújo de Sousa, virou uma festa em Santa Isabel. Além do ruído das motos nas ruas, houve o dos foguetes estourando no céu.

Mauricio aos três anos
e sua irmã Maura.

Poucos meses depois

dessa festa barulhenta, os pais de Mauricio decidiram mudar para Mogi das Cruzes.

Na verdade, Tonico voltava à sua cidade, de onde saíra só para se casar com sua amada Petronilha. A mãe dele, dona Benedita, ainda andava amuada, porque não fazia gosto com o casamento. Ela achava que não ia dar certo, por causa das artes do filho que vivia em cantorias pela cidade, organizando serenatas que entravam madrugada adentro. Ele fazia músicas, pintava quadros, escrevia versos. Era um poeta.
Por isso, dona Benedita dizia:

— Desse jeito o Tonico não vai dar conta de uma família!

Vó Dita e vô Toledo, em 1973.

Mas quando chegou o neto, um menino muito bonitinho, o coração de dona Benedita foi amolecendo e tudo virou alegria na família. Tonico foi trabalhar de barbeiro, num salão muito chique que sua mãe tinha mandado montar para ele, bem no centro da cidade. Ela achava que, seguindo um ofício, o filho tomaria jeito e deixaria de lado as ilusões de poeta.

Tonico tinha aprendido bem a cortar cabelo e barba, mas não abandonou os seus sonhos de poeta. Ele era um artista. O Salão do Tonico ficou famoso. Nos fins de tarde, quando terminava o trabalho começavam os saraus. Havia cantorias e recitação de poemas.

Mauricio ia crescendo, mimado e feliz, cercado pelo carinho dos pais, das tias, da madrinha. Era o xodó da Vó Dita, que cedo o ensinou a gostar de histórias. A rua Ipiranga, onde ele morava, ficava bem no centro da cidade. Era de terra, boa para brincadeiras de rodar pião, jogar bolinha de gude, empinar pipa.

Mauricio com sua mãe, Petronilha, em 1974.

Petronilha, mãe de Mauricio, em 1955.

A turminha de amigos aumentava. Eram todas crianças de Mogi, mas os pais de muitas delas tinham vindo de longe, de outros países. Tinha o japonesinho, o italianinho, o turquinho. E também os pretinhos, que eram os que melhor jogavam futebol no campinho ali perto. Do jeito que todos se gostavam, parecia que eram de uma só família.

Nesse tempo as pessoas não viviam de portas trancadas. Por isso se alguém da turma sentisse fome, era só entrar na casa mais próxima. Mauricio se deliciava com os quibes que não faltavam na casa de seu Nagib, que falava uma língua enrolada, mas era um amigão. Não se cansava de oferecer:

— Come mais quibe, muito boa.

E tinham as tortas dos alemães, os bolos de fubá na casa do pretinho Dito, e até doce de feijão nos japoneses. Os meninos da turma só não entravam na casa dos americanos, que tinham chegado havia pouco tempo. Eles tinham uma menina loirinha que ficava na janela. A turma só olhava, de longe. Ela sorria, mas não falava nada.

Mauricio explicou:

— É que ela não sabe falar brasileiro.

Num dia daqueles

de céu bem azul e ventinho maneiro e bom para empinar pipa, Mauricio foi convidado pelo pai:

— Vamos ver o salão. Está muito bonito.

Mauricio foi, meio contrariado e ao mesmo tempo curioso. Ele já conhecia o salão. Que novidade poderia haver por lá? Havia novidade, e era de tirar o fôlego. O pai, ansioso, puxava o menino pelo braço:

— Venha, venha logo!

Lá dentro, no fundo do salão, Tonico apontou, num tom solene:

— Veja. São máquinas de fazer jornal!

Maurício ficou encantado com o trabalho das máquinas. Uma delas, chamada Linotipo, tinha teclado, como o de uma máquina de escrever, só que bem maior. Fazia letras em barras de chumbo. Outra máquina recebia folhas de papel em que eram impressas as letras. Depois as folhas eram dobradas e viravam jornal.

De posse dessas máquinas maravilhosas, Tonico já não era só barbeiro e poeta. Era também jornalista. Ele fez jornais que mexeram com a cidade.

Um deles era chamado *A Vespa*. Depois apareceu outro, com título de *A Caveira*. Com nomes assim, os jornais do Tonico não podiam ser bem comportados. Faziam críticas, denunciavam as coisas erradas.

Um dia, invadiram a oficina e quebraram as máquinas. Foi depois dessa quebradeira que o Tonico resolveu tentar a sorte na capital.

A família mudou-se para São Paulo. Mauricio tinha seis anos e logo foi matriculado numa escolinha no Largo de São Francisco, ao lado da Faculdade de Direito, que ficava perto de casa. O pai estava começando tudo de novo: montou um salão de barbeiro no bairro de Santana e aos poucos foi se refazendo dos prejuízos.

Mauricio logo aprendeu as primeiras letras, que juntava com gosto para ler. E rápido as palavras estavam servindo para a leitura de um gibi velho que ele ganhou de um coleguinha. Na revistinha, já sem capa e sem algumas folhas, ele foi aos poucos decifrando as palavras, que ganhavam força ao lado dos quadrinhos desenhados com figuras coloridas. A primeira historinha que Mauricio leu, maravilhado, foi a de um coelho chamado Joca Marvel. Depois ele foi descobrindo outros heróis. Tinha o Homem Morcego, o Capitão América e muitos outros.

Encantamento

tão grande quanto o das histórias em quadrinhos era ver os aviões que subiam do Campo de Marte, no bairro de Santana. A família havia se mudado outra vez. A casa era perto do novo Salão do Tonico. Mauricio ficava horas e horas olhando para o céu. Dava até para contar os aviõezinhos que passavam voando baixo.

Ele olhava para o céu e sonhava ser aviador.

Um dia, começou a fabricar aviões em casa. Recortava caixas de papelão, juntava pedaços de arame, tampinhas de refrigerante e cola. E montava aviões de vários tipos. Ficava contente com o resultado, mas lamentava: “Eles não voam”.

Mauricio em Poços de Caldas, em 1958.

Pouco tempo depois, quando a família voltou a morar em Mogi das Cruzes, a molecada da rua Ipiranga andava no auge da empinação de pipas. E Mauricio logo entrou na brincadeira. Mas as pipas, por mais diferentes e coloridas que fossem, não o satisfaziam. Então, ele resolveu fazer uma pipa-avião no formato de um Paulistinha, que era o tipo de avião que ele mais via perto do Campo de Marte.

Foi trabalhoso, mas a pipa ficou muito bonita. E foi batizada como se fosse um avião de verdade. Mauricio lhe deu o nome de Mingo 1. Esse nome vinha de domingo, que era o dia em que ele dedicava mais tempo à montagem.

Tudo bom, tudo muito bonito, só que o Mingo 1 não levantava voo. Dava uma subidinha, e pluft, logo caía. Terminou se arrebentando no chão. Mas Mauricio não desistiu. Passou vários dias a imaginar o que fazer para que o seu avião levantasse voo. Concluiu que o aparelho deveria ter uma entrada e uma saída de ar. Fez, e deu certo.

O Mingo 2, bem sustentado por linha da mais forte, subiu, subiu, mais alto do que todas as outras pipas, mas não fazia como elas, que se agitavam ao vento. Ficava lá, paradão. Quem via de longe pensava que aquilo era um objeto misterioso. E a molecada da rua Ipiranga, mesmo admirada com o trabalho do Mauricio, partiu para a gozação:

— É um homem? — disse um.

— É um avião? — gritou outro.

— Não. É o Super-Homem! — gritou outro mais gozador.

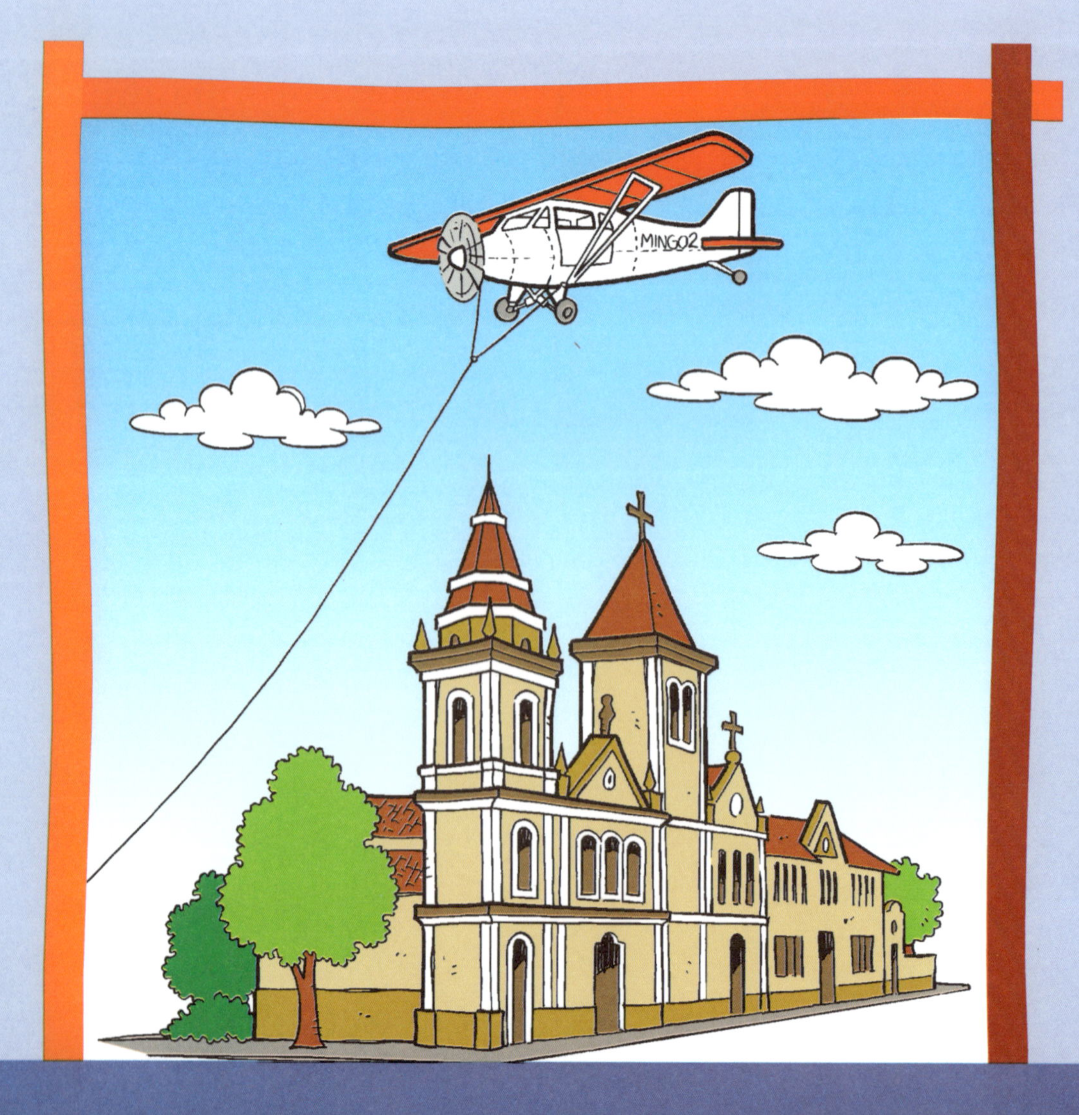

Mauricio dividia os seus dias entre as brincadeiras de rua e a escola, onde já chegou lendo. Lia correntemente.

Sua professora, a dona Jovita, lhe perguntou:

— Em que livro você aprendeu a ler tão bem?

— Foi no gibi — respondeu Mauricio.

Além dos livros comuns da escola, as leituras de Mauricio eram nas revistas de histórias em quadrinhos. Uma delas se chamava *O Guri*; outra, *O Globo Juvenil*. O pai lhe dava livros de presente, mas não se esquecia das revistinhas.

Na escola não era permitido ler os quadrinhos. Mas o Mauricio sempre dava um jeito de desenhar. Seu lugar na sala de aula era bem na frente, onde a professora podia fiscalizar melhor. Um dia, ele resolveu sentar-se lá no fundo da sala e ficou desenhando, esquecido do mundo. Nem percebeu a aproximação da professora. Foi um grande susto, mas não passou disso e de um sermão de dona Jovita.

Mauricio foi crescendo. Era um menino feliz. Em casa, o rigor maior ficava por conta da mãe. Dona Petronilha era mãezona, cheia de carinhos e cuidados, mas às vezes ficava brava, exigia disciplina. Já o pai... Tonico achava até graça nas traquinices do filho. E nas poucas vezes em que ficou bravo de verdade e tentou alcançá-lo, não conseguiu. Mauricio corria mais rápido, como aconteceu num dia em que Tonico o mandou apanhar um limão no quintal:

— Ah, pai, não vou não!

— Não vai?

— Não vou!

Aí o que se ouviu foi o berro do pai, que começou a tirar o cinto. Mas, antes que concluísse a operação, Mauricio já estava em disparada na direção do quintal. Logo alcançou a cerca dos fundos, que venceu de um pulo. Só voltou no fim da tarde, atendendo aos chamados da prima Teresinha, que lhe garantiu:

— Pode vir, Mauricinho. Teu pai já amansou.

Antonio Mauricio de Sousa, pai de Mauricio, em 1958.

Mauricio em 1963.

as brincadeiras

de Mauricio não eram só na sua rua. Logo ele descobriu as delícias de nadar no ribeirão que corria por trás da rua Ipiranga. Era um riozinho de nada, rasinho, mas tinha uns cantos mais fundos que eram os preferidos dele.

Chegou um dia em que o riozinho já não tinha graça. Então, Mauricio, que já tinha nove anos, se aventurou em águas mais profundas.

E não foi num rio qualquer, não. Foi no rio Tietê, que corria ao lado da cidade, com suas águas ainda limpinhas. Chegar lá, na beira do Tietê, já era uma aventura. A molecada chegava suada e ia logo tirando a roupa. O lugar preferido era onde tinha a ponte do trem. Pular lá de cima para o mergulho era um desafio que Mauricio enfrentava, orgulhoso. Aquilo é que era lugar de nadar. O ribeirão, aquela aguinha de nada, era coisa de criancinha.

Foi por esse tempo que começaram as disputas entre a turma do Mauricio e outra da vizinhança, que tinha no meio um grandão. Era o Mussolini, um gordo de cara redonda e vermelha. Fazia medo, vivia ameaçando bater em todo mundo.

A turma do Mauricio, de garotos menores, não tinha condições de revidar as provocações. Muitas vezes tiveram de abandonar o campinho de futebol na hora em que o jogo estava mais animado. A turma do Mussolini chegava logo mandando:

— Fora, agora é nossa vez de jogar!

Não havia jeito, tinham que abandonar o campo. Mas chegou o dia da grande revanche. A turma estava toda reunida:

— Tá na hora de enfrentar esses caras.

— De que jeito? — responderam em coro.

O jeito estava dado. O Manecão, que era um garoto tão grande e forte quanto o Mussolini, tinha prometido ao Mauricio que daria proteção à turma. Manecão chegou e foi explicando o plano: ficaria escondido no mato, na beira do campo, e quando a turma do Mussolini chegasse, exigindo a retirada, sairia do esconderijo e acabaria com a brincadeira. Mauricio perguntou:

— Como é que a gente faz quando eles chegarem?

— Vocês enfrentam eles, uai! Aí eu entro em campo.

Tudo combinado, chegou a hora do vamos ver. No melhor do jogo, apareceu a turma do Mussolini. Nem precisou ele ordenar a retirada. Um tal de Zé Bolão foi logo entrando em campo, aos gritos:

— Vamos saindo! Vamos saindo!

Mauricio, confiante na promessa do Manecão, olhou firme para o invasor:

— Não vamos sair, não! Nós vamos continuar jogando.

Aí o Mussolini entrou em campo:

— Como é que é, não vão sair?

Mauricio recuou um pouco, só de malandragem, e foi chegando mais para a beira do campo, no lugar onde o Manecão estava escondido. O Mussolini ia seguindo:

— Vamos! Sai, sai!

E nada do Manecão aparecer. Aí não tinha jeito, Mauricio foi se afastando, disfarçando medo, e subiu num barranco na beira do campo, já pensando num plano. Mussolini foi pra cima, Mauricio driblou e o empurrou com toda força que tinha. Foi bonito de ver, o Mussolini rolando barranco abaixo, com aquele corpanzil todo.

Mas aí a coisa esquentou. A turma toda veio pra cima, cercando. Só então o Manecão apareceu:

— Ô, ô, que é isso, pessoal! Não precisa ter briga. O campo é grande e dá pra todo mundo.

A turma do Mussolini foi se retirando, meio sem graça. Foi nesse dia que o Mauricio virou o herói da turma.

Mauricio em Mogi das Cruzes, em 1955.

O que não faltava na família de Mauricio era artista. Um bisavô chamado Ângelo, pai da Vó Dita, ficou famoso como um dos maiores violeiros da região. E Tonico, além de músico e poeta, chegou a brilhar nas rádios de São Paulo. Na mais famosa de todas, que era a Rádio Cruzeiro do Sul, foi galã de radionovelas, que faziam o maior sucesso antes da chegada da televisão. Também foi artista de circo. Trabalhou até de palhaço.

Não foi à toa que o número de artistas aumentou na família. Dona Petronilha fazia as letras de muitas músicas que Tonico compunha. Mariza, uma das irmãs de Mauricio, virou atração de programas de calouro nas rádios de São Paulo. E um dia, quando ela teve uma crise de bronquite na hora agá de cantar, Mauricio subiu ao palco para salvar a situação. Sabia de cor todas as músicas que a irmã cantava, escolheu a de que mais gostava, que era Aquarela do Brasil, e foi em frente. Para ele, aquilo era uma brincadeira. Mas ganhou o primeiro lugar.

a artista

mais admirada da família, pelo menos entre a garotada da rua Ipiranga, era a Vó Dita. Ela sabia como ninguém contar histórias. Quase todas as noites, reunia as crianças na espaçosa cozinha de seu casarão, perto do fogão a lenha. E lá vinham histórias de reis, príncipes valentes, princesas muito lindas, dragões, aventuras e graças de Pedro Malazartes. E muitas outras histórias daqui mesmo do Brasil, de índios, pretos velhos, assombrações das matas, como a Caipora, o Curupira, a Cuca e o Saci, que o Mauricio reencontraria depois, quando começou a devorar os livros de Monteiro Lobato.

Muito mais tarde, quando já era famoso como autor de histórias em quadrinhos, Mauricio costumava voar em imaginação para o cenário em que Vó Dita encantava a todos com suas histórias maravilhosas.

Mauricio com sua avó Dita e o pai Antônio Mauricio de Sousa, em Mogi das Cruzes, 1958.

Foi ela quem inspirou as primeiras historinhas que ele desenhou. Os desenhos eram feitos em várias folhas de papel. Grudadas umas nas outras, formavam uma tira, como se fossem quadrinhos, e os desenhos eram exibidos num cineminha que Mauricio montou no quintal de casa.

O cineminha não passava de um caixote com uma abertura retangular. Uma manivela movimentava um rolo de papel com os desenhos iluminados por uma vela acesa dentro do caixote. O operador da geringonça era o próprio Mauricio, que enquanto girava a manivela ia narrando as cenas que iam passando. Tudo isso depois de bancar o bilheteiro, cobrando cinco palitos de fósforos de cada espectador. Um deles estranhou a cobrança e perguntou:

Mauricio escrevendo, em 1959.

— Por que você cobra a entrada?

— Ué — respondeu Mauricio. — Quando você vai ao cinema entra de graça?

O cineminha fazia grande e ruidoso sucesso. Todas às sextas-feiras, mal escurecia, a rua se alvoroçava. A garotada saía anunciando:

— Hoje tem cinema no Mauricio!

— Vamos lá, gente!

No quintal, sentados no chão, todos se deliciavam com as histórias da Vó Dita adaptadas para o cinema por seu engenhoso neto.

CINEMINHA APRESENTA O

CURUPIRA

?

Professor que reprovou Mauricio.

A carreira de cineasta

durou um bom tempo. Mas a grande paixão de Mauricio era mesmo pelas histórias em quadrinhos. Aos treze anos, no Ginásio Washington Luís, em Mogi das Cruzes, ele inventou a sua primeira revistinha. Era *O Quartinho*. Tinha esse título porque circulava entre os colegas da quarta série.

Mauricio era ao mesmo tempo criador das histórias, desenhista e editor. Cada edição tinha apenas um exemplar, que passava de mão em mão, na classe. Era divertido, porque os personagens das histórias eram todos da turma. Os melhores amigos apareciam sempre como heróis. Outros eram vilões, às vezes bandidões mal-encarados. Mas todos levavam a coisa na brincadeira. Menos um professor que entrou de vilão numa das historinhas. Ficou tão bravo que usou a matemática como vingança. Mauricio foi reprovado em dois anos seguidos.

Por causa disso, a família teve que se mudar mais uma vez para São Paulo, onde, enfim, Mauricio pôde concluir o ginásio. Só então todos voltaram para Mogi.

Mauricio em seu ateliê.

O tempo de fazer desenhos de brincadeira passou. A fama de bom desenhista começou a render algum dinheiro. Mauricio desenhou cartazes para ilustrar aulas do Curso Normal, depois fez desenhos para exposições industriais e até decoração para baile de carnaval. Um dia, foi convidado para ser ilustrador do jornal *O Mogi Esportivo*. Foi uma emoção muito grande ver o seu primeiro desenho impresso.

Seus desenhos faziam sucesso na cidade. Eram cenas dos jogos de futebol de domingo e símbolos dos clubes. Mas o Mauricio já pensava em desenhar histórias completas, inventar personagens. E sonhava trabalhar num grande jornal da capital.

O sonho se realizou um bom tempo depois, quando o jornal *Folha da Manhã* publicou uma tirinha em que aparecia um menino chamado Franjinha e seu cachorrinho Bidu.

Mauricio repórter da *Folha*, em 1958.

Outros personagens e outras histórias foram surgindo. E formaram uma turma — a Turma da Mônica — que criou fama no Brasil e em muitos outros países. Bidu, Franjinha, Cebolinha, Cascão, Magali, Chico Bento e vários outros personagens criados por Mauricio foram levados pela Mônica para uma grande viagem. Chegaram até o outro lado do mundo, na China e no Japão.

Quase toda a turma veio de Mogi das Cruzes, das ruas de terra, dos campinhos de futebol, dos banhos de rio, das corridas de carrinhos de rolemã. Para criar suas histórias, Mauricio dava grandes mergulhos em sua infância. Aí encontrava um cachorrinho de muita estimação, o Cuíca, que foi virando Bidu, e o menino de cabelos espetados que batizou de Cebolinha. Sem falar em outro, que adorava a poeira da rua e detestava água, um tal de Cascão.

Para criar a Mônica, a Magali, a Marina e outros personagens como o Nimbus e o Do Contra, Maurício não precisou voltar a Mogi das Cruzes: inspirou-se nas filhas e nos filhos. Quer dizer, na gente de casa, que embarcou nas revistinhas para ganhar o mundo.

Formatura do Mauricio aos 16 anos (ginásio).

Mônica em sua primeira bicicleta, em 1963.

Magali almoçando, em 1963.

Marilene, Mariangela, Magali e Mônica, em 1974.

Magali, Mariângela e Mônica, em 1963

Marilene (primeira esposa) e Mauricio em lua-de-mel, em Poços de Caldas, em 1958.

Dados biográficos de Mauricio de Sousa

Mauricio de Sousa nasceu em Santa Isabel, São Paulo, em 1935. Seus pais mudaram-se para a vizinha cidade de Mogi das Cruzes quando ele tinha poucos meses de idade. Muito cedo Mauricio manifestou seu interesse pelo desenho. Já no colégio, criou a sua própria revistinha: um exemplar por "edição", que circulava de mão em mão entre os colegas. Logo começou a fazer cartazes por encomenda e passou a desenhar para um jornal da cidade, o *Mogi Esportivo*. Mauricio foi crescendo com um sonho: ser desenhista de um grande jornal. Um dia embarcou com seu sonho para São Paulo. Foi bater na redação da *Folha da Manhã*. Não havia vaga para desenhista, ele aceitou ser repórter policial. Mas não deixou de sonhar. Em 1959 conseguiu publicar sua primeira tira de quadrinhos, em que apareciam um cachorrinho e seu dono — o Bidu e o Franjinha, personagens aos quais se juntariam dezenas de outros, hoje conhecidos no Brasil e em boa parte do mundo. Em 1970 o mais famoso dos personagens criados por Mauricio — a Mônica — ganhou uma revistinha, a primeira de uma série. Inspirada em uma das filhas do desenhista, Mônica, de personalidade forte, virou a chefona da turma que povoa as histórias de Mauricio, hoje publicadas em vários idiomas. Das tiras em jornais e das revistas, das quais foram impressos centenas de milhões de exemplares, a *Turma* passou para os desenhos animados, a partir de 1982, com *As aventuras da Turma da Mônica*. Em 1993 surgiu um parque temático, o Parque da Mônica, em São Paulo. Tudo isso é produto de uma empresa, a Mauricio de Sousa Produções, uma verdadeira multinacional voltada para o mundo das crianças.

Audálio Dantas e Mauricio de Sousa têm em comum a profissão de jornalista. Os dois começaram as suas carreiras como repórteres, na mesma época e no mesmo jornal. Mas logo tomaram rumos diferentes. Mauricio, que trabalhava na reportagem policial, seguiu pelo caminho do desenho, sua grande paixão; Audálio continuou a escrever, a fazer reportagens, a contar histórias. Dentre os trabalhos mais importantes que realizou, inclui-se a descoberta e a compilação dos diários da favelada Carolina Maria de Jesus, publicados no livro *Quarto de despejo* (Editora Francisco Alves, 1960). Fora das redações ocupou cargos como a presidência do Sindicato dos Jornalistas de São Paulo, durante a ditadura militar, quando denunciou o assassinato, sob tortura, do jornalista Vladimir Herzog. Audálio publicou o *Circo do desespero* (Editora Símbolo, 1976), *Repórteres* (Editora Senac, 1998) e *A infância de Graciliano Ramos* (Callis, 2005), entre outros livros. É vice-presidente da ABI — Associação Brasileira de Imprensa — e conselheiro da UBE — União Brasileira de Escritores. Em 2003, por ocasião do cinquentenário da morte do autor de *Vidas secas*, realizou em São Paulo o projeto "O Chão de Graciliano", exposição montada também em Maceió, Araraquara, Fortaleza e Recife.